AV NOM DE DIEV
LE PERE, DV FILS,
ET DV S. ESPRIT. AMEN.

IE Claude Lemareſchal, Conſeiller Clerc en la Cour de Parlement de Paris, ſain par la grace de Dieu, de corps & d'eſprit, fais ce preſent mon Teſtament, eſcript & ſigné de ma main, en la maniere qui enſuit.

PREMIEREMENT.

Ie recommande mon ame à Dieu Tout-Puiſſant, & le ſupplie à ioinctes mains, qu'il luy plaiſe de luy faire miſericorde, au nom de la Mort & Paſſion de noſtre Seigneur Ieſus Chriſt.

Ie ſupplie tres-humblement la tres-ſaincte & ſacree Vierge mere de Dieu, les Anges & les Saincts & Sainctes de Paradis, de m'aſſiſter à mon treſpas, preſenter mon ame à Dieu, & de la deffendre des accuſations de l'ennemy,

Lors que mon ame ſera partie de mon corps, l'Executeur de mon preſent Teſtament cy apres nommé, fera enterrer mon corps le plus toſt que faire pourra au Cimetiere de la Parroiſſe en laquelle ie decederay.

Ie ne veux que autres gens d'Egliſe faſſent le conuoy, que 'es Preſtres habituez en la Parroiſſe, auſquels ſera baillé tant pour ladicte aſſiſtance, que pour le ſeruice qui ſe fera le lendemain ou autre iour commode, ſelon ce qui eſt accouſtumé d'eſtre baillé en telle occurrence.

Signé en cet endroit, Lemareſchal, auec paraphe.

A

Ie ne veux point auoir des Armoiries, ny que l'on tende en la maison ny en l'Eglise, ny que l'on face aucune pompe funebre : mais seulement que l'on mette sur mon Cercueil le Poisle ordinaire de la Paroisse : Que la Croix soit portée deuant le Cercueil, & aux quatre coins dudict Cercueil, vn cierge alumé ; & à lentour de la Croix de la Parroisse six torches du poids accoustumé pour personne mediocre.

Ce que i'ordonne ainsi, n'est pas que i'impreuue les honnestes ceremonies funebres qui ont accoustumé d'estres faictes en ceste Ville : n'estant point contraire à la Pieté, pourueu qu'elles soyent faictes auec moderation selon l'estat d'vn chacun : Mais par ce que ie decede fort pauure, & que pour la descharge de ma conscience, ie laisse beaucoup de charge sur ce peu que l'on trouuerra apres ma mort, ie suis necessité d'vser de ceste retenuë.

Ie veux estre distribué en tout quinze liures aux pauures de la Parroisse, le iour que l'on celebrera la Messe de mon obit.

Ie veux estre donné trois iours apres mon trespas, aux quatre Mandians de ceste Ville, à chacun des Conuens pour vne fois payer, la somme de dix liures : Sçauoir aux Cordeliers de la porte sainct Germain, Augustins du Pont-neuf, Carmes de la place Maubert, & Iacobins de la porte S. Iacques.

Et dautant peut estre, que mes heritiers presomptifs desirent d'estre informez de ce que ie laisse apres ma mort, quelques vns d'eux, à ce que i'ay apris, s'en estant voulu instruire particulierement.

Signé en cet endroit Lemareschal, auec paraphe.

Ie declare que ie ne laiſſe aucun or , ou argent , mon‑
noyé ou non monnoyé , ny en cedulles , obligations , ou
conſtitutions de rente, ny en vaiſſelle d'argent , ny en ba‑
gues , Car ie n'ay eu en toute ma vie aucun fonds , ny
moyen de rien amaſſer , encore que i'aye veſcu touſiours
fort eſcharſement , & preſque auec diſette : d'autant que
mes proches ſçauent les grandes charges que i'ay portées
des ma ieuneſſe, & les raiſons pourquoy. Ils ſçauent auſſi
que depuis   ans ie n'ay iouy que de mon
Office de Conſeiller , duquel tant que i'ay ſerui aux En‑
queſtes , i'ay tiré fort peu d'émolumens : Et depuis le
temps que ie ſuis monté en la Grande Chambre, ne m'en
ſuis de gueres auancé d'auantage : ores que quelques vns
ayent eſſayé d'en faire vn examen. Ce que certainement
ie ſerois honteux d'expoſer, n'eſtoit que ie deſire de mettre
en repos de ce coſté là l'eſprit de mes parens & amis, Et pa‑
roiſtra cette verité par les Regiſtres du Greffe & teſmoigna‑
ge du Palais ſi l'on veut prendre la peine de la profonder.
Ioinct que i'ay deſpencé aux maladies, deſquelles il auroit
pleu à Dieu de me viſiter depuis dix ou vnze ans, plus de trois
mil eſcus , dont i'en dois encores la plus grande partie . Et
qu'il court ſur moy tous les ans , en louage de maiſon , droict
annuel , & gages de ſeruiteurs , & charges domeſtiques, preſ‑
que la ſomme de vnze à douze cens liures , ainſi qu'il ſe peut
auerer : Tellement que ne iouiſſant que de mon office, & de
quelque autre peu de choſe, qni n'eſt ny rente ny reuenu en
terre, il ne ſe faut pas fort eſtonner ſi mes heritiers n'amen‑
dent gueres de moy.

Signé en cet endroit Lemareſchal *, auec paraphe,*

A ij

Afin donc de difpofer par ordre de mes affaires, Ie ne veux point qu'apres mon deceds, l'on face aucun inuentaire ny defcription de mon bien, puis comme dit eft que ie ne laiffe rien qui vaille eftre inuentorié.

Car tout ce que ie laiffe, eft vn mefchant lict, garny d'vn tour de lict de mefchante ferge verde, quelques matelats, vn lict de plume, vn tapis de mocquette, fix chaires, & efcabelles de mefme eftoffe, auec quelque autre mefchant meuble de bois: & ne laiffe point de linge, en ayant toufiours efté fort mal pourueu. Ie ne laiffe auffi qu'vne taffe d'argent que ma coufine la Prefidente m'a donnée, vne petite efcuelle d'argét & vn faphir violet, & enuiron vne douzaine de liures: & les autres qui fe trouuerront ceans, il les faut rendre à ceux aufquels ils appartiennent.

Ie n'ay pareillement aucuns tiltres ny papiers, en la poffeffion ou deliurance defquels mes parens ayent intereft, & pour les monftrer.

Les principaux papiers que ie laiffe, font les recepicez des facs & inftances: & les facs, procez, & inftances dont ie fuis chargé fur les regiftres du Greffe. Or de la reftitution & adminiftration defdits recepicez, facs, proces & inftances, ie veux formellement qu'elles demeurent à Maiftre Iacques Borace mon Clerc, d'autant que ie fçay, & en charge ma confcience, qu'il fera en cette befogne tres fidellement tout ce qu'il conuiendra faire, tant à l'efgard de moy deuant Dieu & les hommes, que à la liberation & contentement de mes parens & heritiers, & des parties intereffees: & ne veux point qu'en ces chofes il foit controollé, ny rende compte à perfonne de ce qu'il y fera ou aura fait.

Signé en cet endroit Lemarefchal, *auec paraphe.*

Les autres tiltres & papiers que ie laiſſe , ſont les comptes que iay rendus de la tutelle que i'ay gerée : contract & tranſaction la concernant , des executions teſtamentaires de defunct monſieur de Vulcop , Madame la Preſidente ſaint André. Combien que de cette là ie n'aye point de cópte, ains ſeulement des quittances de Madamoiſelle du Tillet, & de Meſſieurs ſes nepueux & du feu ſieur de la Foſſe.

Que ſi meſdicts heritiers ou parens, veulent auoir leſdicts comptes, quittances & papiers en leurs mains, & les retirer dudict maiſtre Iacques Borace, faire le pourront, en luy en baillant vne deſcharge a ſon contentement. Apres les ſuſdicts papiers, meſdicts nepueux n'ont que faire d'en chercher d'autres, & ne veux point qu'ils s'en enquierent d'auantage: Que ſi par meſgarde il ſe trouuoit quelques papiers ou memoire qui les concernaſt , ledict Borace eſt ſi homme de bien qu'il leur mettra entre les mains ſans qu'ils l'en interpellent.

Et au ſurplus des autres meubles qui ſe trouueront ceans apres que ie ſeray party de ce monde, cóme tapiſſeries, tours de lict, tableaux, autres meubles, & vaiſſelle d'argent ; Ie declare qu'ils appartiennét ou à Madamoiſelle du Tillet, Monſieur de Beuilliers, ou Borace, ou à ſes amis, & que ie n'y demande rien.

Donques ce que ie laiſſe de net pour tout bien, & qui entre en quelque conſideration, eſt mondict office de Conſeiller en ladicte Cour, à l'eſgard duquel, i'ordonne & veux eſtre faict ainſi qu'il s'enſuit.

Premierement, que ledict maiſtre Iacques Borace, demeure ſaiſy des quittances que i'ay du droict annuel & de ma procuration,

Signé en ce endroit Lemareſchal, *auec paraphe.*

pour refigner mondict office , laquelle ie luy ay baillée en garde.

Que la compofition & vente qui fe fera dudict Office, en vertu de madicte procuration , fe faffe concuremment auec luy, & ceux de mes nepueux, ou des maris de mes niepces, qui fe trouueront en cette Ville , lors que la commodité fe prefentera de traicter dudit Office: Ie ne veux point que mefdicts nepueux ou maris de mes niepces , qui fe trouueront lors prefents en cette Ville , ou ledict maiftre Iacques Borace , foient obligez d'appeler ny d'attendre les abfens: par ce que en telles remifes , les bonnes occafions fe peuuent perdre.

La compofition & la maniere de la faire, s'executera à la pluralité des voix de mefdicts heritiers, qui fe trouueront en cette ville, & conioinctement auec ledict Borace, la voix du quel fera comptée.

La raifon de cette miéne difpofitió, eft, que ie me fuis toufiours apperceu, que ledict Borace s'eft toufiours monftré tref-affectionné à feruir mefdicts nepueux & niepces, en tout ce qu'il luy a efté poffible , & qu'il procurera le bien des abfens, comme ils feroient euxmefmes s'ils eftoient prefens. C'eft donc la folicitude que i'ay de leur bien , en commun & particulier, qui m'en a faict ainfi ordonner ; afin que perfonne n'en puiffe parler à mon defaduantage : Ladicte compofition de mondict Office faicte, foit par argent nombré comptant, ou par cedulles, obligations, ou conftitutions de rente: Ie veux & ordonne que ledict tout demeure mis & configné es mains de mon Executeur teftamentaire cy apres nom-mé iufques à ce que ce mien prefent teftament , foit

Signé en cet endroit Lemarefchal *auec paraphe.*

entierement executé & de poinct en poinct, selon sa forme & teneur ainsi qu'il s'ensuit.

Premierement que mondict Executeur testamentaire, soit auant toutes choses, remboursé par ses mains, de ce qu'il aura frayé pour mon enterrement & aumosnes, ores qu'elles soient petires; pour le payement de mon Apotiquaire, Chirurgien & autres personnes qui m'auront seruy en ma maladie, & dont ie veux qu'il soit creu sans autre inquisition que de sa seule parole.

Or ie nomme pour mondict Executeur testamentaire, ledict maistre Iacques Borace, de la probité & fidelité duquel ie me tiens tres asseuré, & comme i'ay dict cy deuant, qu'il est tres affectionné à mesdicts nepueux & niepces, & que pour chose du monde il ne leur voudroit faire tort.

Ie doibs audit maistre Iacques Borace il ya desia long temps, la somme de deux mil escus, par obligation passée pardeuant Notaires: Ie veux, comme de raison, qu'il s'en paye par ses mains, sans autre forme ny figure de demande. Ledict maistre Iacques Borace a recueilly la succession de sa mere & raporté de la guerre de Iulliers quelques petites commoditez, ayant esté employé aux viures, a eu vn beau legs du feu sieur de la Fosse, & a de son industrie faict quelques petites affaires : Or de tout cela ie m'en suis tousiours aydé comme mien, & selon qu'il m'auroit pleu.

Ie veux aussi qu'il retienne en ses mains la somme de trois cent cinquante escus, pour estre employez selon que ie luy ay ordonné de bouche ; & ne veux point qu'il soit tenu d'en rendre compte : Et ie iure

Signé en cet endroit Lemareschal, *auec paraphe.*

que ladicte fomme, ne tourne directement ny indirectement à fon profit ny de fes amis, mais que c'eft pour la defcharge de ma confcience.

Ie donne à ma niepce, Dame Gabrielle Lemarefchal, Religieufe à S. Laurent de Bourges, la fomme de quatre cens liures vne fois payee, pour eftre mife à rente par mondict Executeur teftamentaire, & en faire vingt cinq liures de rente, de laquelle rente elle iouyra fa vie durant. Ie veux que apres le deceds de madicte niepce, ladicte rente appartienne à celle de mes petites niepces, s'il y en a aucunes audict conuent; & s'il y en a plufieurs, ladicte rente appartiendra a celle d'elles qui fera la premiere entree en la religion.

Que s'il n'y a en ladicte maifon de S. Laurens que madicte niepce Gabrielle, Ie veux que ladicte rente foit baillée à celle de mes petites niepces, qui auront efté mifes en l'Annonciade de la ville de Bourges.

Ie donne pareillement vne mefme fomme de quatre cens liures, pour eftre mife à rente, & faire vingt cinq liures de rente, qui fera baillée a ma niepce, fœur Claude Lemarefchal Religieufe profeffe en ladicte Annonciade.

Ie veux que apres fon deceds, ladicte rente foit baillée à celle de mes petites niepces qui feront en ladicte maifon.

Que s'il efchet que ladicte Dame Gabrielle decedant, il n'aye qu'vne petite niepce en ladicte maifon de l'Annunciade, & que ie n'en aye point à S. Laurens; en ce cas, d'autant que icelle mienne petite niepce, fe treuuerra recueillir la rente qui auroit appartenu a madicte niepce Gabrielle fa tante. Ie veux que ladicte rente de ma niepce Claude, foit baillée à celle de mes plus pauures niepces, que

Signé en cet endroit Lemarefchal, *auec paraphe.*

i'auray au monde, le choix & nomination de laquelle, def-
pendera de la confcience & integrité de mes parens, car ie
n'y puis mieux pouruoir.

Que fi i'ay deux petites niepces en la maifon de l'Annonciade, en ce cas, icelledicte rente, dont madicte niepce Claude aura iouy, fera baillée à icelledicte autre miéne petite niepce, qui n'aura pas receuilly celle de ladicte tante Gabrielle.

Que s'il efchet que ie ne n'aye plus de niepce ny petite niepce, foit à S. Laurens ou à l'Annonciade, ladite rente ou rentes, ferót ainfi que i'ay dict cy deffus, baillée ou baillées, à celle de mes petites niepces, qui font au monde, qui en auront
plus de befoing, de quoy mes parens conuiendront s'il leur
plaift, ainfi qu'il appartient à gens qui craignent Dieu.

Mondict executeur, prendra de bon cœur le foing de bien
mettre a rente lefdictes deux fommes de quatre cens liures, en
folliciter le payement d'an en an, faire tout ce qu'il faudra
pour la conferuation d'icelles; & de faire tenir à chacunes de
mefdictes niepces, leur rente, fans qu'il en coufte rien pour
le port : toutesfois s'il conuient faire des fraiz en iuftice, contre les debteurs d'icelles rentes, en ce cas, il prendra & retire-
ra fon rembourcement, fur la rente nouuelle, ou fur le fort
principal, ainfi & felon que les fraiz pourront monter.

A cette occafion, ie veux que mondict Executeur, demeure gardien defdicts contracts, parce que c'eft le bien &
foulagement de mefdictes niepces, & qu'elles y feront fer-
uies de luy fort fidellement, ainfi qu'elles s'en font defia bien
apperceuë.

Cependant, ie ne veux ny n'entends, point, que
iceluy dict, mon Executeur teftamentaire, foit en
Signé en cet endroit Lemarefchal, auec paraphe.

B

maniere quelconque , ny pour quelque cauſe ou pretexte
que ce ſoit , reſponſable du cours des arrerages & payement
d'iceux , aux termes qui ſeront aſſignez par le contract de có-
ſtitution, ny pareillement du ſort principal deſdictes rentes,
en cas que les debteurs ou debteur veinſſét à eſtre inſoluables,
ou ledict ſort principal mal aſſigné & aſſeuré pour quelque
conſideration que ce ſoit, d'autát que ie me tiens certain, qu'i-
celuy dict mon Executeur , procurera cette affaire autant
que pourra faire vn homme de bien , & qu'il ne ſeroit pas iu-
ſte, que ſes bons offices le peuſſent vn iour trauailler & luy
eſtre à charge.

Ie donne & legue audict maiſtre Iacques Borace , ce peu
de meubles qui m'appartiennent, qui n'eſt pas grand choſe,
auec madicte taſſe d'argent & mon ſaphir, qu'il portera en
ma ſouuenance : Car il ne ſeroit pas honneſte, qu'apres m'a-
uoir longuement & bien ſeruy, il fuſt errant en cette Ville par
des chambres locandes.

Ie luy donne pareillement la ſomme de

vne fois payer, car il l'a bien meriteé & d'auanta-
ge, ayant preferé mon ſeruice, ſi i'oſe ainſi parler, à toutes ſor-
tes de conditions & d'aduancemens, & veux qu'il retienne
par ſes mains , ladicte ſomme de

des deniers qui prouiendront de la vente de mondict Office,
ſans qui luy ſoit beſoing d'en faire demande à mes heritiers,
en iuſtice ny autrement.

Ie donne à Iacques ſurnommé ſainct-Martin , mon ſerui-
teur , outre l'année courante de ſes gages, laquelle ie veux luy
eſtre payée , ores que l'année ne feroit que commencer la
ſomme de

Ie donne a Eſme Sauignac ou à ſes enfans, en ſouuenance
Signé en cet endroit Lemareſchal, auec paraphe.

qu'il m'a feruy, la fomme de   laquelle fomme, fi tant eft que ledict Sauignac foit decedé aupara-
uant moy, mon executeur reglera entre lefdicts enfans ou en
enfant, fi iceluy Sauignac n'en auroit laiffé qu'vn viuant, ainfi
qu'il iugera pour le mieux.

Ie donne pareillement la fomme de
a celle des filles, la plus prefte à marier de feu maiftre Pierre
Boucher, demeurant en fon viuant en la ville de Gueret en la
Marche, ou s'il n'a laiffé des filles, ou qu'il ny en aye à marier,
à fes autres enfans ou enfant.

Ie donne la fomme de trente liures à Gilles
de la ville de Rheins, qui autresfois à efté mon lacquais, ladicte fomme vne fois payer, fi tant eft que ledict Gilles foit en
vie, de quoy mödit executeur prendra la peine de s'informer.

Ie donne a Pierre   taïlleur d'habits qui ma ferui
la fomme de

Ie veux que ma feruante foit payée de l'année courante de
fes gages, & de plus ie luy donne la fomme de
vne fois payer.

Ie donne à Damoifelle Marie Turpin, fille de chambre de
Madame de Beuiliers, en l'honneur de ladicte dame la fomme de   vne fois payer, n'ayant à mon re-
gret le moyen de rendre plus d'honneur à ladicte dame.

Or tous les legs que ie faicts, par ce mien prefent teftament
ne peuuent parauanture pas monter, à la fomme de
                      ou enuiron, en laquelle fomme ie n'en-
tends comprendre les legs que ie faicts à mes deux niepces
religieufes, car leurs freres & fœurs, doiuent reputer lefdicts
legs comme faicts à eux mefmes. Et n'y entends non plus có-
prendre les trois cens cinquante efcus, que ie me referue & ay
ordonné eftre difpenfez par mon Executeur.

Signé en cet endroit Lemarefchal, auec paraphe.

Et laquelle fupputation i'ay faicte, pour môftrer feulemét à mes parens, mes prefomptifs heritiers, qu'ils n'ont aucune occafion de fe plaindre, ou arguer ma prefente difpofition, veu ce qui leur en demeurera de refte. Et n'entends point que, foit que cette fupputation s'accorde ou ne s'accorde pas auec les fufdicts legs, que l'on en puiffe inferer quelque chofe, pour ofter ou rabattre defdicts legs, & en cas que l'on effayaft d'en tirer quelque illation au preiudice de mefdicts legs, Ie veux & entends, que ladicte fupputation foit tenuë pour effacée & non efcripte.

Refte maintenant à ordonner par moy, la façon de laquelle ie veux que les fommes de deniers, prouenans de la vente de mondict Office, foient partagées & diuifées entre mefdicts nepueux & niepces: Toutes les charges & legs fufdicts prealablement executez & accomplis, par mon Executeur Teftamentaire & non autrement.

Premierement ie veux que lefdits deniers reftans, foient diuifez & partis en deux moitiez efgalles, & que l'vne defdictes deux moitiez foit furdiuifee en fix portions, montant autant l'vne que l'autre, & diftribuée en cette forte; Afçauoir, à M^r. de l'Affay vne portion: Au fieur François Lemarefchal vne autre portion: Au fieur Nicolas Lemarefchal vne troifiefme portiô: A Frere Robert Lemarefchal la quatriefme portion: A M^r. de Lataimuille la cinqᵉ: Et à M^r. Chabenat la fixₑ.

Mon nepueu monfieur l'Official, ne s'offencera point fi luy plaift, de ce que ie ne luy laiffe point de part, car il eft fi bon frere, qu'il ne fera point mal côtant, n'amendant d'vne petite commodité, & que grace à Dieu il a moyen de s'en paffer. Et quant à mon nepueu le Capuchin, fa profeffion le difpenfe, & moy particulierement d'auoir difpofé de quelque chofe à fon profit particulier.

Signé en cet endroit Lemarefchal, *auec paraphe.*

Et à l'esgard de l'autre moitié, ie veux qu'elle soit pareillement subdiuisée, en trois esgalles portions, desquelles mon
nepueu le Sr.de Corbet en aura l'vne: Mr. de Bissy & Damle.
Marie Lemareschal ma niepce sa femme, la deuxiesme : à có-
dition que ladite portion soit propre à madite niepce: Et ma
niepce Mad le.Dornon Ieanne Lemareschal, la troisiesme.

Ie prie de toute mon affection, & veux qu'iceux dicts, mó
nepueu de Corbet, & mesdits deux niepces ses sœurs, execu-
tent ce que mondit executeur testamétaire leur fera entédre
de ma part,ce que mesme i'ay mis par escript,& laisse entre ses
mains, afin qu'il en soit creu par eux.

Or personne n'à que faire de s'informer , de quoy i'entends
parler par ledit precedét article,d'autát que ce ne sont que petites affaires particulieres , & n'ordonne rien à ce regard , qui
soit contre l'honneur de Dieu , des loix ny de la Iustice.

Et pour executer ce present mien Testament, & ordonná-
ce de dernierevolonté,ie nóme & eslis encores de rechef ledit
Me. Iacques Borace, de quoy mesdits nepueus & niepces&
amis ne doiuent point parler à mó desauantage s'il leur plaist:
Car sortant pauure & sans biens de ce móde ladicte executió
n'apportera que de la peine & du soing,à módit executeur Ia-
ques Borace:Outre cóme i'ay dict cy deuant,que ie sçay qu'il
voudroit seruir tous mesdits parenss'il pouuoit , & qu'il aura
vn grád soing de seruir aux pauures Religieuses mes niepces.

Ie desire dócques,veux & ordóne que cette mienne volóté
& dispositió entiere, cótenue en ce mié Testamét soit inuio-
lablemét gardée,pour demeurer en tout & par tout ferme &
stable,soubsmettét l'auditió du cópte de laditeexecutió(si tát
est qu'il soit necessaite d'en rédre vn,ce que ie ne voy pas qu'il
en puisse estre grád besoing,veu la forme dót ie teste)à Mr.le
Preuost de Paris ou ses Lieutenás,par tout ou il appartiendra.

Signé en cet endroit Lemareschal, *auec paraphe.*

Et apres auoir faict ce present testament, & presente disposition, & icelle escripte de ma propre main, que ie me suis
dictée & nommée de mon propre mouuement, & non d'autre, pour plus grande approbation, & recognoistre ce que
i'aurois faict & faisois, Ie declare & est vray, que ie l'auois
leu & releu & l'ayant trouué selon mon inténtion & volonté,
Et contre laquelle, si aucun de mesdicts nepueux ou niepces,
s'oppose ou y contredisent directement ou indirectement
en quelque sorte que ce soit: Ie donne à l'Hostel Dieu, la part
que ie luy ay laissée par ledict present Testament, ou telle
part & portion qu'il en pourroit pretendre. I'ay signé iceluy
dict, mien testament & disposition, de mon seing manuel
pour estre stable, ne pouuant ma volonté estre mieux tesmoi-
gnée & exprimée. *En cet endroit ny a aucune signature.*

AViourd'huy, Dimanche quatorzieme iour de Ianuier
l'an mil six cents vingt quatre, sur les trois heures de re-
leuée, les Notaires Gardenottes du Roy nostre Sire au Cha-
stelet de Paris soubs signez, pource mandez, se sont transpor-
tez en la demeure de Monsieur Maistre Claude Lemareschal,
Conseiller du Roy nostre Sire en sa Cour de Parlement, scize
dans l'enclos du Palais, des appartenances de la maison Cano-
nialle du sieur de S. Amāt, Chanoine de la Saincte Chappelle,
Ou estans, en la premiere chambre de ladicte maison, ayant
veuë sur la court du Palais, auroit esté mis és mains de Parque,
l'vn desdits Notaires, par monsieur maistre Anthoine de l'Ar-
che, Conseiller du Roy, & Lieutenant general au Baillage
dudict Palais, en la presence de mósieur maistre Adam Barthelemy, Conseiller du Roy en sa Cour des Aydes à Paris;
Nicolas Lemareschal, Escuyer sieur de Nancrey, Exant des

Gardes du corps du Roy, nepueu dudit deffunct , & Charles
Thomas Efcuyer fieur d'Attinuille , Gentil-homme ordinaire de la Chambre du Roy, mary de Damoifelle Magdelai-
ne Lemarefchal, fille de feu monfieur maiftre François Lemarefchal, fieur de Corbet, Treforier General de France à
Bourges, niepce dudict deffunct fieur Lemarefchal, prefomptifs heritiers d'iceluy deffunct: Et auffi en la prefence de
maiftre Iacques Borace, Clerc dudict deffunct fieur Lemarefchal, decedé cedict iour fur les fept heures du matin, au lo-
gis de Monfieur de Beuilliers, fcis à S. Germain des Prez rue
de Tournon; Le cahier de papier cy deuant efcript, contenát
fept feuilletz, fignez au bas de chacune page, Lemarefchal,
auec paraphes, fors en la derniere page qui n'eft entierement
efcripte, & en laquelle n'y a aucune fignature, trouué au buf-
fet de ladicte chambre, ouuert par ledict fieur Lieutenant, en
prefence defdicts fieurs & dudict Borace fus nommez: Lequel cahier eft le Teftament dudict deffunct fieur Lemarefchal, dont lecture à efté prefentement faicte par ledict fieur
Lieutenant: Et lequel cahier a efté comme dict eft, mis es
mains dudict Parque, par ledict Lieutenant du confentemét
dudict fieur Barthelemy & confors efdicts noms, & dudict
Borace; apres que à leur requefte, il a efté paraphé par ledict
fieur Lieutenant, au bas de chacunes defdictes pages, *ne va-*
rietur, pour eftre par ledict Parque, mis & gardé auec fes autres minuttes, & en eftre deliuré des groffes & expeditions à
qui il appartiendra, fuiuant l'ordonnance dudict fieur Lieutenant. Ce fut faict lefdicts iour & an, & lieu que deffus. Et
ont lefdicts fieurs Barthelemy, Nicolas Lemarefchal, l'Attinuille, Borace, & fiieur Lieutenant, figné en la minutte du
prefent acte, auec les Notaires foubs fignez eftans en la pofef-

fion & pardeuers ledict Parque, qui a deliuré la presente ex-
pedition audit Maistre Iacques Borace, suiuant l'ordonnance & Permission dudit sieur Lieutenant, du seize dudit present mois de Ianuier, y annexé & attachée.

Signé,   **PARQVE.**

Et   **LE MOYNE.**   Notaires.

www.ingramcontent.com/pod-product-compliance
Lightning Source LLC
Chambersburg PA
CBHW061603050726
47595CB00009B/3982